Grüner & weißer Spargel

Rezepte und Fotos: Karl Newedel

Bassermann Inspiration

Spar

gel

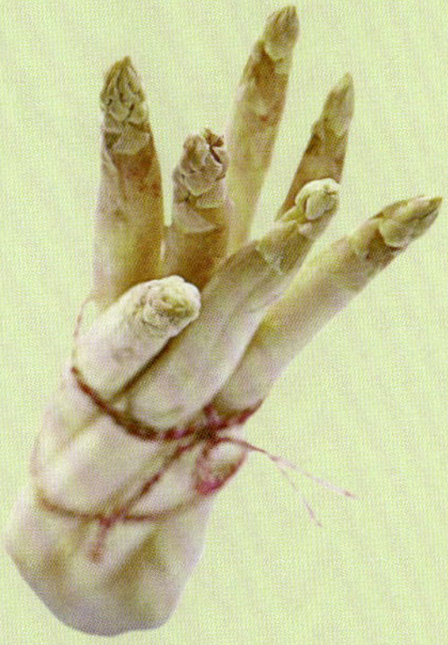

Frühling auf dem Teller

rank & schlank

Aromawunder

vielseitiges Stangenglück

pro Mund ein Pfund

königlich

»Nehmen Sie hier möglichst die echte **Worcestershiresauce**, ihr **Geschmack** konnte nie kopiert werden.«

- 500 g weißer Spargel
- 200 g grüner Spargel
- 1 Glas Geflügelfond (400 ml)
- 2 Bio-Zitronenscheiben
- 150 g Crème fraîche
- 4 Eigelbe
- Salz
- Cayennepfeffer
- frisch geriebene Muskatnuss
- Zucker
- Worcestershiresauce

Feine Spargelcremesuppe

40 Minuten * 4 Portionen

1 Den weißen Spargel schälen, Enden knapp abschneiden. Den grünen Spargel waschen und die holzigen Enden abschneiden. Die weißen Spargelschalen aufheben.

2 In einem großen Topf 800 ml leicht gesalzenes Wasser, Gemüsefond und Zitronenscheiben aufkochen. Weiße und grüne Spargelstangen darin ca. 10 Minuten bissfest garen. Herausheben, kalt abschrecken und abtropfen lassen.

3 Die Spargelschalen in den heißen Sud geben und nahe am Siedepunkt 5–10 Minuten darin ziehen lassen. Dann den Sud durch ein feines Sieb abseihen.

4 Die weißen Spargelspitzen (4 cm) abschneiden und beiseite legen. Den Rest in kleine Stücke schneiden, mit dem Spargelsud in einen kleinen Topf geben und in 10–15 Minuten sehr weich kochen, dann mit dem Stabmixer fein pürieren.

5 Crème fraîche mit den Eigelben verrühren. Einen Schöpflöffel Spargelsuppe mit dem Schneebesen darunterschlagen, dann unter die übrige Suppe rühren. Die Suppe wieder erhitzen, aber nicht mehr kochen lassen, da sonst das Eigelb gerinnt. Die Suppe mit Salz, Cayennepfeffer, etwas Muskatnuss, 1 Prise Zucker und 1 Spritzer Worcestershiresauce abschmecken.

6 Den grünen Spargel in 4 cm lange Stücke schneiden und mit den weißen Spargelspitzen in der Suppe erwärmen. Dazu passt getoastetes Baguette.

* 400 g Kartoffeln
* 400 g weißer Spargel
* 250 g Möhren
* 250 g Blumenkohl
* 250 g Brokkoli
* 150 g Zuckerschoten
* Salz
* 1 l Gemüsebrühe
* 100 g TK-Erbsen
* 1 TL Speisestärke
* 200 ml Weißwein
* 4 Eigelbe
* 150 g Crème fraîche
* Pfeffer aus der Mühle
* frisch geriebene Muskatnuss
* 2 EL Butter

Bunter Gemüsetopf

40 Minuten * 4 bis 6 Portionen

1 Die Kartoffeln schälen und vierteln. Den Spargel schälen, holzige Enden abschneiden und die Stangen in ca. 5 cm lange Stücke schneiden. Die Möhren putzen und längs halbieren, dann quer in Scheiben schneiden. Blumenkohl und Brokkoli in Röschen teilen, die Zuckerschoten putzen.

2 Die Kartoffen in kochendem Salzwasser ca. 15–20 Minuten garen. Die Brühe in einem Topf erhitzen und den Spargel darin in ca. 10–15 Minuten bissfest garen. Herausnehmen, abtropfen lassen. Dann Blumenkohl- und Brokkoliröschen, Möhren, Zuckerschoten und Erbsen in der heißen Spargelbrühe ca. 10 Minuten garen. Das Gemüse mit einem Schaumlöffel aus der Brühe heben, abtropfen lassen. Die Gemüsebrühe auf dem Herd lassen.

3 Die Speisestärke mit dem Weißwein glatt verrühren, unter Rühren zur heiße Gemüsebrühe geben. Aufkochen lassen, dann den Topf vom Herd nehmen. Eigelbe und Crème fraîche verrühren und die heiße, aber nicht mehr kochende Gemüsebrühe damit binden.

4 Die Kartoffeln und das gegarte Gemüse hinzugeben. Mit Salz, Pfeffer und etwas Muskatnuss würzen. Die Butter in Flöckchen unterrühren.

Tipp

Eine vegetarische Hauptmahlzeit oder als Beilage zu gebratenem Geflügel. Sie können das Gericht auch mit ein wenig Kerbel, Estragon, Schnittlauch oder Petersilie verfeinern.

- 400 g weißer Spargel
- 400 g grüner Spargel
- 2 Tomaten
- 4 Eier
- 200 g gemischte Salatblätter (z. B. Eichblatt-, Feldsalat)
- 2 Frühlingszwiebeln
- 8 EL weißer Aceto balsamico
- 1 EL mittelscharfer Senf
- Salz, Pfeffer aus der Mühle
- 1 TL Zucker
- 250 ml Olivenöl

Weiß-rot-grüner Spargelsalat

40 Minuten * 4 Portionen

1 Den weißen Spargel schälen und die Enden knapp abschneiden. Den grünen Spargel waschen und die holzigen Enden abschneiden. Die Spargelstangen in leicht gesalzenem Wasser ca. 10–15 Minuten bissfest garen. Herausheben, kalt abschrecken und schräg in ca. 5 cm lange Stücke schneiden.

2 Die Tomaten kreuzweise einritzen und mit kochendem Wasser überbrühen. Nach 1–2 Minuten kalt abschrecken und häuten. Dann vierteln, Stielansätze und Kerne entfernen, Fruchtfleisch grob würfeln.

3 Die Eier ca. 10 Minuten hart kochen. Kalt abschrecken, pellen und klein würfeln. Die Salatblätter waschen, trocken schleudern und in mundgerechte Stücke zupfen. Die Frühlingszwiebeln waschen, putzen und in feine Ringe schneiden.

4 Für die Vinaigrette Essig und Senf verrühren. Mit Salz, Pfeffer und Zucker würzen. Das Öl langsam mit einem Schneebesen darunterschlagen, so dass eine sämige Sauce entsteht. Alle Salatzutaten in eine große Schüssel geben und vorsichtig mischen, mit der Vinaigrette beträufeln und servieren.

Tipp

Geben Sie die Sauce erst kurz vor dem Servieren zum Salat.

- 800 g vorwiegend fest kochende Kartoffeln
- 1 TL Kümmelsamen
- Salz
- 500 g weißer Spargel
- 1 Zwiebel
- 300 ml Geflügelbrühe
- 4–5 EL Weißweinessig
- 1 EL scharfer Senf
- Salz, schwarzer Pfeffer aus der Mühle
- 1 Prise Zucker
- frisch geriebene Muskatnuss
- 1 Bund Radieschen
- 1 Bund Schnittlauch
- 5 EL neutrales Öl (z. B. Rapsöl)

Kartoffel-Spargelsalat

35 Minuten * 5 Portionen

1 Die Kartoffeln waschen und abbürsten. Mit Kümmel in kochendem Salzwasser ca. 20 Minuten garen. Abgießen und kurz ausdämpfen lassen. Dann pellen und in ½ cm dicke Scheiben schneiden.

2 Den Spargel schälen, Enden abschneiden und die Stangen in leicht gesalzenem Wasser 10–15 Minuten bissfest garen. Herausnehmen, abtropfen lassen und schräg in dünne Scheiben schneiden. Die Zwiebel abziehen und fein würfeln. Alles in eine große Schüssel geben.

3 Die Brühe in einem kleinen Topf erhitzen. Essig und Senf zugeben. Mit Salz, Pfeffer, Zucker und Muskatnuss würzen. Die Brühe noch heiß unter den Salat mischen.

4 Die Radieschen waschen, putzen und in dünne Scheiben schneiden. Schnittlauch abspülen, trocken tupfen und in feine Röllchen schneiden, mit Radieschenscheiben zum Salat geben. Öl darüberträufeln und vorsichtig durchmischen, nochmals mit Salz und Pfeffer abschmecken.

»Mit **neuen Kartoffeln** zubereitet ist dieser Salat einfach **unschlagbar**!«

* 1 kleine Dose Kidneybohnen (285 g Abtropfgewicht)
* 1 kleine Dose Maiskörner (285 g Abtropfgewicht)
* 2 kleine Dosen Thunfischfilet ohne Öl (à 185 g Abtropfgewicht)
* 4 Frühlingszwiebeln
* 1 Bund Schnittlauch
* 500 g weißer Spargel
* Salz
* 8 EL Weißweinessig
* 4 EL süße Chilisauce
* 250 ml Olivenöl

Thunfisch-Spargelsalat

25 Minuten * 6 Portionen

1 Kidneybohnen und Maiskörner abgießen, kalt abbrausen und gut abtropfen lassen. Den Thunfisch ebenfalls abtropfen lassen und mit einer Gabel etwas zerteilen. Die Frühlingszwiebeln waschen, putzen und schräg in dünne Ringe schneiden. Schnittlauch abspülen, trocken tupfen und in Röllchen schneiden.

2 Den Spargel schälen, holzige Enden abschneiden und in leicht gesalzenem Wasser ca. 10 Minuten bissfest garen. Herausnehmen, kalt abschrecken und abtropfen lassen. Dann in 3 cm lange Stücke schneiden.

3 Für die Salatsauce Essig, Chilisauce und 1 TL Salz verrühren. Das Öl mit einem Schneebesen nach und nach darunterschlagen, so dass eine sämige Sauce entsteht. In einer großen Schüssel Spargel, Maiskörner, Kidneybohnen und Thunfisch mit der Salatsauce vermengen. Den Salat mit frischem Weißbrot servieren.

Tipp

Ausnahmsweise ein Rezept mit Dosenware. Ich habe meist Dosenmais, Kidneybohnen und Thunfisch auf Vorrat im Hause, weil daraus auf die Schnelle ein feiner Salat für unerwartete Gäste gezaubert ist.

* 6 Stangen weißer Spargel
* 6 Stangen grüner Spargel
* 8 Eier
* 100 g Sahne
* frisch geriebene Muskatnuss
* Salz, Pfeffer
* 100 g geriebener Emmentaler
* 1 Zwiebel
* 150 g Frühstücksspeck (Bacon), in Scheiben
* 2 EL Pflanzenöl

Außerdem

* 1 feuerfeste Pfanne oder Form
* Butter zum Fetten

Spargeltortilla

1 Stunde * 4 Portionen

1 Den Backofen auf 180 °C (Umluft 160 °C) vorheizen. Die Pfanne oder Form fetten. Den weißen Spargel schälen und die Enden knapp abschneiden. Den grünen Spargel waschen und die holzigen Enden abschneiden. Die Spargelstangen quer halbieren und in der Form verteilen. Im vorgeheizten Backofen (Mitte) ca. 15 Minuten garen.

2 Inzwischen die Eier mit der Sahne gut verquirlen. Mit Muskatnuss, Pfeffer und Salz würzen. Käse unterrühren.

3 Die Zwiebel schälen und fein würfeln. Den Speck in dünne Streifen schneiden. Das Öl in einer Pfanne erhitzen, Speck und Zwiebel darin anbraten. Vom Herd nehmen, etwas abkühlen lassen dann zur Eiermasse geben. Die Masse über den Spargel in die Form gießen und weitere 20–25 Minuten im Ofen goldbraun backen.

Variante Sie können auch gekochte Kartoffel in Scheiben schneiden und zugeben und mit verschiedenen gehackten Kräutern noch mehr Würze einbringen.

»Ein **perfektes Abendessen**:
leicht, aber pikant.«

Pfannkuchen
- ✳ 100 g Mehl
- ✳ 400 ml Milch
- ✳ 4 Eier
- ✳ Salz
- ✳ Zucker

Füllung
- ✳ 800 g Spargel
- ✳ 150 g Crème double
- ✳ 2 Eier
- ✳ schwarzer Pfeffer aus der Mühle
- ✳ frisch geriebene Muskatnuss
- ✳ 50 g frisch geriebener Parmesan
- ✳ 400 g frischer Blattspinat
- ✳ 3 EL Butter

Außerdem
- ✳ 1 feuerfeste Form
- ✳ Butter für die Form

Gefüllter Pfannkuchen

1 Stunde ✳ 4 bis 6 Portionen

1 Mehl in eine Schüssel sieben. Milch und Eier mit dem Schneebesen langsam unterrühren. Mit Salz und Zucker würzen. Den Teig 30 Minuten ruhen lassen.

2 Den Spargel schälen und holzige Enden abschneiden (Schalen und Endstücke aufheben), in leicht gesalzenem Wasser 10–15 Minuten bissfest garen, abtropfen lassen. Spargelschalen und Endstücke im Spargelsud kurz aufkochen. Vom Spargelsud 350 ml durch ein feines Sieb abgießen.

3 Crème double mit den Eiern verrühren, zum Spargelsud geben. Salz, Pfeffer, Muskat und Parmesan unterrühren.

4 Spinat waschen und verlesen, von harten Stielen befreien. In kochendem Salzwasser 1–2 Minuten blanchieren. Abgießen, kalt abschrecken und ausdrücken. Mit Salz, Pfeffer und Muskat würzen.

5 Den Backofen auf 200 °C (Umluft 180 °C) vorheizen. Die Form fetten. Die Butter in einem kleinen Topf schmelzen. Etwa 1–2 EL unter den Pfannkuchenteig rühren.

6 Eine beschichtete Pfanne erhitzen und mit etwas flüssiger Butter ausstreichen. Einen Schöpflöffel Pfannkuchenteig hineingeben, durch Schwenken gleichmäßig verteilen und bei mittlerer Hitze auf jeder Seite ca. 3 Minuten goldbraun backen, warm stellen. Mit dem restlichen Teig ebenso verfahren. Die Pfannkuchen mit Spargel und Spinat füllen, aufrollen, nebeneinander in die Form legen. Die Sauce darübergießen und ca. 10 Minuten goldbraun überbacken.

Teig

- 500 g Mehl
- 30 g frische Hefe
- 1 Prise Zucker
- 1 TL Salz
- 2 EL Olivenöl

Belag

- 600 g grüner Spargel
- 200 g Räucherspeck (in Scheiben)
- 6 Tomaten
- 300 g Mozzarella
- 150 g Crème fraîche
- Salz, Pfeffer
- 4 EL Olivenöl
- 2 TL getrockneter Oregano

Außerdem

- 2 Tarteformen (à 28 cm Durchmesser) oder 1 Backblech

Tomaten-Spargel-Pizza

45 Minuten * Geh- und Backzeit: 2 Stunden * 4 Portionen

1 Das Mehl in eine Schüssel geben und in die Mitte eine Mulde drücken. Die Hefe hineinbröckeln, mit Zucker, 3 EL lauwarmem Wasser und wenig Mehl verrühren. Den Vorteig zugedeckt an einem warmen Ort 20 Minuten gehen lassen.

2 Salz, Olivenöl und 250 ml warmes Wasser zum Vorteig geben und zu einem glatten Teig verkneten, dabei den Teig mehrmals kräftig auf den Tisch schlagen, damit er elastisch wird. Den Teig vierteln und zu Kugeln formen. Die Kugeln mit etwas Mehl bestäuben und mit einem Tuch bedeckt an einem warmen Ort mindestens 1 Stunde zur doppelten Größe aufgehen lassen.

3 Vom Spargel die holzigen Enden abschneiden und die Stangen schräg in dünne Scheiben schneiden. Den Speck in dünne Streifen schneiden. Die Tomaten in dünne Scheiben schneiden. Mozzarella in Scheiben schneiden.

4 Den Backofen auf 225 °C (Umluft 200 °C) vorheizen. Die Teigkugeln auf einer bemehlten Arbeitsfläche nochmals kurz durchkneten, dann dünn ausrollen und mit Crème fraîche bestreichen. Tomaten, Speck und Spargel darauf verteilen und mit Salz und Pfeffer würzen. Jede Pizza mit 1 EL Olivenöl beträufeln und mit Mozzarella belegen. Die Pizzen nacheinander im heißen Ofen (Mitte) 20 Minuten backen. Mit etwas Oregano bestreut servieren.

Tipp

Am schnellsten geht der Hefeteig, wenn alle Zutaten vorgewärmt sind. Wenn Sie Trockenhefe verwenden, sparen Sie 20 Minuten »Gehzeit« für den Vorteig.

Lachstarte

- 8 Stangen weißer Spargel
- 8 Stangen grüner Spargel
- 1 Pck. Blätterteig (Kühlregal, ca. 275 g)
- 200 g Frischkäse
- 150 g Crème fraîche
- 2 EL frisch geriebener Meerrettich
- 3 Eier
- 150 g Räucherlachs in Scheiben
- frischer Dill zum Garnieren

Außerdem

- 1 feuerfeste Form (20 x 30 cm)
- Butter für die Form

50 Minuten * Backzeit: 30 Minuten * 4 Portionen

1 Den Backofen auf 180 °C (Umluft 160 °C) vorheizen. Die Form fetten. Den weißen Spargel schälen und die Enden knapp abschneiden. Den grünen Spargel waschen und die holzigen Enden abschneiden. Die Spargelstangen in leicht gesalzenem Wasser ca. 5 Minuten garen. Herausheben, kalt abschrecken und gut abtropfen lassen, dann quer halbieren.

2 Die Form mit dem Blätterteig auslegen und mit einer Gabel mehrmals einstechen. Den Spargel auf dem Teig verteilen.

3 Frischkäse mit Crème fraîche und Meerrettich verrühren. Die Eier unterrühren, salzen. Den Guss über die Spargelstangen geben und die Tarte im heißen Ofen (Mitte) ca. 30 Minuten goldbraun backen.

4 Die Tarte aus dem Ofen nehmen und etwas abkühlen lassen. Dann die Räucherlachsscheiben darauf anrichten und mit Dillzweigen garniert servieren.

Variante Probieren Sie auch mal geräucherte Forellenfilets hierzu.

* 500 g grüner Spargel
* 250 g Mascarpone
* 2 Eier
* Salz, Pfeffer
* 50 g frisch geriebener Parmesan

Außerdem

* 1 flache, feuerfeste Form
* Butter für die Form

Überbackener Spargel

1 Stunde * 4 Portionen als Vorspeise

1 Den Backofen auf 180 °C (Umluft 160 °C) vorheizen. Die Form fetten.

2 Den Spargel waschen und die holzigen Enden abschneiden. Die Spargelstangen in leicht gesalzenem Wasser ca. 4 Minuten garen. Herausnehmen, kalt abschrecken und gut abtropfen lassen.

3 Den Mascarpone mit den Eiern schaumig aufschlagen, mit Salz und Pfeffer würzen. Den Spargel in die Form legen und die Mascarponecreme darüber verteilen, mit Parmesan bestreuen und im heißen Ofen (Mitte) ca. 20 Minuten garen.

Tipp

Dazu passen hauchdünn geschnittener Parmaschinken, knuspriges Baguette und ein trockener Weißwein.

»Eine **wunderbare Vorspeise** im Frühling.«

- 1 kg weißer Spargel
- 6 EL Holunderblütensirup
- Salz
- 6–8 frisch aufgeblühte Holunderblüten
- 200 g Frischkäse
- 150 g Joghurt
- frisch gemahlener schwarzer Pfeffer
- ½ Bund frische Minze

Außerdem

- 1 feuerfeste Form
- Butter für die Form

Holunder-Spargel in Folie gegart

25 Minuten * Backzeit: 1,5 Stunden * 4 Portionen

1 Den Backofen auf 80 °C (Umluft 60 °C) vorheizen. Die Form fetten. Den Spargel schälen, holzige Enden abschneiden. Die Spargelstangen in die Form legen, mit Holunderblütensirup beträufeln und mit etwas Salz würzen.

2 Die Holunderblüten säubern und lange Stiele abschneiden. Die Dolden auf die Spargelstangen legen. Die Form mit Frischhaltefolie (!) dicht verschließen und im heißen Backofen (Mitte) je nach Dicke der Stangen ca. 1,5 Stunden garen.

3 Den Frischkäse mit Joghurt glatt verrühren, salzen und pfeffern. Die Minze abbrausen, trocken tupfen, Blättchen von den Stielen zupfen und fein hacken. Die Minze unter den Frischkäse rühren und zum Spargel servieren.

Tipp

Den Spargel bei Niedrigtemperatur zu garen, ist die schonendste Methode, Sie können die Spargelstangen hierfür auch längs halbieren, dann reduziert sich die Garzeit etwas.

Spargelmousse

3 Stunden * 6 Portionen

1 Den Spargel in 1 cm lange Stücke schneiden und mit Crème fraîche und Salz (ohne Wasser) bei mittlerer Hitze zugedeckt ca. 15 Minuten weich garen. Dann fein pürieren. Die Gelatine 5 Minuten in kaltem Wasser einweichen.

2 Die Gelatine leicht ausdrücken, zum Spargelpüree geben und bei milder Hitze unter Rühren darin auflösen. Meerrettich unterrühren und die Masse kalt stellen.

3 Sobald das Püree zu gelieren beginnt, die Sahne halb steif schlagen, die Eiweiße mit Zucker, Zitronensaft und 1 Prise Salz sehr steif schlagen. Lachswürfel unterrühren, dann geschlagene Sahne und Eischnee unterheben, 2 Stunden kühlen.

»Ein **einfaches Gericht**, das immer wieder **begeistert**!«

- 250 g Spargel
- 100 g Crème fraîche, Salz
- 3 Blatt Gelatine
- 1 EL Meerrettich aus dem Glas
- 150 g Räucherlachs, gewürfelt
- 130 g Sahne
- 2 Eiweiße, 1 TL Zucker
- 2 EL Zitronensaft

Tipp

Servieren Sie die Mousse mit Forellenkaviar und Toast.

- 250 g grüner Spargel
- 80 g Walnusskerne
- 200 g Frischkäse
- 150 g Crème fraîche
- ½ Bund Schnittlauch

Frischkäse-Spargel-Creme mit Walnüssen

25 Minuten * 4 Portionen

1. Den Spargel waschen, holzige Enden abschneiden. Die Stangen in leicht gesalzenem Wasser ca. 8–10 Minuten bissfest garen. Herausnehmen, kalt abschrecken und gut abtropfen lassen.
2. Die Walnüsse mit kochendem Wasser überbrühen, abgießen und kalt abschrecken. Die braune Haut mit einem kleinen Messer abschälen. Die geschälten Kerne nicht zu fein hacken. Die Spargelstangen längs vierteln, dann in kleine Würfel schneiden. Den Schnittlauch waschen, trocken tupfen und in feine Röllchen schneiden.
3. Den Frischkäse mit der Crème fraîche glatt verrühren, mit Salz und Pfeffer würzen. Spargel, Walnüsse und Schnittlauch unter die Creme rühren. Dazu passt am besten herzhaftes Bauernbrot.

»**Knuspriges Brot** im Haus?
Mit diesem Aufstrich
bleibt garantiert **kein Krümelchen übrig**.«

* 8 Zweige Thymian
* 3 EL Pflanzenöl
* 8 Schweinefiletmedaillons (à 60 g)
* Salz, Pfeffer
* 100 ml Weißwein
* je 250 g weißer und grüner Spargel
* 250 g frische Morcheln
* 400 ml Gemüsefond
* 2 Schalotten
* 3 EL Butter
* 50 g Crème fraîche
* 1 TL Speisestärke
* Cayennepfeffer
* 1–2 TL Zitronensaft
* einige Zweige frischer Kerbel zum Garnieren (nach Belieben)

Außerdem

* 1 feuerfeste Form
* Butter zum Fetten

Schweinefilet in Morchelsauce

1 Stunde * Garzeit: 40 Minuten * 4 Portionen

1 Den Backofen auf 80 °C (Umluft 60 °C) vorheizen. Die Form fetten. Das Öl erhitzen. Die Medaillons salzen, pfeffern und bei mittlerer Hitze von beiden Seiten je ca. 1–2 Minuten darin anbraten. In die Form legen und den Thymian darüber verteilen. Den Bratensatz mit Weißwein ablöschen, etwas einköcheln lassen, über die Medaillons gießen. Die Form mit Alufolie abdecken und das Fleisch im heißen Ofen (Mitte) 40 Minuten garen.

2 Den Spargel vorbereiten (Schalen und Endstücke aufheben) und in 5 cm lange Stücke schneiden. Die Morcheln gründlich waschen, abtropfen lassen. Den Fond erhitzen und die Spargelstücke darin 10 Minuten bissfest garen, mit einem feuchten Tuch abdecken, beiseite stellen. Spargelschalen und Endstücke in den Sud geben und 5 Minuten darin ziehen lassen (nicht kochen). Den Sud durch ein Sieb abseihen.

3 Schalotten fein würfeln und in 1 EL Butter glasig andünsten. Die Morcheln kurz mitbraten. Spargelsud und Crème fraîche unterrühren, 5 Minuten köcheln lassen. Spargel in der Sauce erwärmen. Morcheln und Spargel herausnehmen und warm stellen.

4 Speisestärke mit 3 EL kaltem Wasser verrühren und in die Sauce einrühren. Den ausgetretenen Bratensaft zur Sauce geben, einkochen lassen. Mit Salz, Cayennepfeffer und Zitronensaft abschmecken. Die übrige Butter zugeben und kurz aufmixen. Die Medaillons mit Spargel, Morcheln und Sauce anrichten.

»Ganz **edel** und **einzigartig im Geschmack**.«

* 500 g weißer Spargel
* 900 ml Gemüsebrühe
* 4 Schalotten
* 2 EL Olivenöl
* 2 EL Butter
* 375 g Risottoreis (z. B. Arborio)
* 300 ml Weißwein
* 50 g Parmesan, frisch gerieben
* Salz, frisch gemahlener schwarzer Pfeffer
* ½ Bund Kerbel
* 80 g Parmaschinken, in hauchdünnen Scheiben

Spargelrisotto mit Parmaschinken

45 Minuten * 4 Portionen

1 Den Spargel schälen, die holzigen Enden abschneiden und in 3 cm lange Stücke schneiden. Die Gemüsebrühe zum Kochen bringen und den Spargel darin ca. 15 Minuten bissfest garen. Abtropfen lassen und mit einem feuchten Küchentuch bedecken. Die Spargelbrühe auf dem Herd lassen.

2 Die Schalotten fein würfeln. Das Öl mit der Butter in einem Topf erhitzen und die Schalotten darin glasig andünsten. Den Reis zugeben und kurz mitdünsten. Den Wein zugießen und bei mittlerer Hitze unter Rühren einkochen lassen. Dann nach und nach so viel heiße Spargelbrühe zugießen, dass der Reis gerade eben damit bedeckt ist. Bei kleiner Hitze offen weiterköcheln lassen, dabei gelegentlich umrühren. Brühe erst dann nachgießen, wenn der Reis die Flüssigkeit aufgenommen hat. Nach ca. 20 Minuten sollte der Reis gar sein. Die benötigte Flüssigkeitsmenge ist abhängig von der Topfgröße und Temperatur, bei Bedarf einfach noch etwas heißes Wasser oder Gemüsebrühe dazu geben. Das fertige Risotto sollte sämig und noch leicht fließend sein.

3 Den Topf vom Herd nehmen. Spargelstücke und Parmesan zum Risotto geben, salzen und pfeffern. Den Schinken in feine Streifen schneiden. Gehackten Kerbel unter das Risotto mischen und die Schinkenstreifen darüberstreuen. Mit Kerbelzweigen garnieren.

»Kochen Sie **Risotto** niemals vor,
Ihre **Gäste** müssen auf das Risotto **warten**,
nie umgekehrt!«

* 500 g weißer Spargel
* 2 Kaninchenrücken (Fleisch vom Metzger auslösen und die Knochen klein hacken lassen)
* 1 Zwiebel
* 8 schwarze Pfefferkörner
* 5 Zweige frischer Thymian
* 1 Möhre
* 1–2 Stangen Staudensellerie
* 4 EL Öl
* 1 TL Zucker
* 250 ml Weißwein
* 1 EL Tomatenmark
* 400 ml Geflügelbrühe

Kaninchenrücken mit Spargel

1 Stunde * 4 Portionen

1 Den Spargel schälen und holzige Enden abschneiden. Die Zwiebel grob würfeln. Pfefferkörner grob zerstoßen. Möhre und Sellerie klein würfeln. Spargel in leicht gesalzenem Wasser ca. 10–15 Minuten garen, abtropfen lassen.

2 2 EL Öl in einer Pfanne erhitzen und die gehackten Knochen darin anrösten, bis sie Farbe angenommen haben. Die Zwiebelwürfel zugeben und unter Rühren goldbraun braten. Den Zucker einstreuen und die Zwiebeln 1–2 Minuten karamellisieren, dabei rühren. Mit Weißwein ablöschen. Mit Tomatenmark sirupartig einkochen lassen. Die Brühe zugießen und bei kleiner Hitze ca. 20 Minuten köcheln. Zerstoßenen Pfeffer und Thymianzweige zugeben und weitere 3–5 Minuten köcheln, dann durch ein feines Sieb abgießen.

3 Das übrige Öl in einer zweiten Pfanne erhitzen. Die Filets salzen, pfeffern und bei mittlerer Hitze im Öl rundherum ca. 8–10 Minuten braten. Herausnehmen und warm stellen.

4 Die Gemüsewürfel in die Pfanne geben und im verbliebenen Öl ca. 2 Minuten unter Rühren anbraten. Die Thymiansauce zu den Gemüsewürfeln gießen. Etwas einkochen lassen, mit Salz und Pfeffer abschmecken.

5 Die Filets schräg in Scheiben schneiden. Mit dem Spargel auf Tellern anrichten und die Sauce darübergeben. Dazu passen Petersilienkartoffeln.

»**Gut schmeckt** auch, wenn Sie kurz **vor dem Servieren** noch einige kalte **Butterflöckchen** unter die Sauce mixen«

* 2 Entenbrüste (à ca. 300 g)
* Salz
* 2 EL Öl
* 4 Tomaten
* 4 Zweige frischer Thymian
* 1 Zwiebel
* 500 g grüner Spargel
* 1 EL Zucker
* 3 EL Weißweinessig
* 1 EL eingelegter grüner Pfeffer

Entenbrust auf Spargelgemüse

35 Minuten * Backzeit: 20 Minuten * 4 Portionen

1 Den Backofen auf 140 °C (Umluft 120 °C) vorheizen. Die Entenbrüste waschen und trocken tupfen, wenn nötig Sehnen auf der Fleischseite entfernen. Die Hautseite einritzen, dabei nicht ins Fleisch schneiden, salzen.

2 Das Öl in einer Pfanne erhitzen, die Entenbrüste mit der Hautseite nach unten einlegen und bei milder Hitze 8–10 Minuten braten. Dann Hitze erhöhen, Entenbrüste wenden und auf der Fleischseite ca. 2 Minuten scharf anbraten. Die Brüste mit der Hautseite nach oben auf den Backrost legen und ca. 20 Minuten rosa garen. Austretendes Entenfett in einer Fettpfanne auffangen.

3 Die Tomaten kreuzweise einritzen und mit kochendem Wasser überbrühen. Nach 1–2 Minuten kalt abschrecken und häuten, das Fruchtfleisch grob würfeln. Die Zwiebel fein würfeln. Den Spargel waschen, abtropfen lassen und die holzigen Enden abschneiden, schräg in dünne Scheiben schneiden.

4 1–2 EL von dem abgetropften Entenfett in einer Pfanne erhitzen. Zwiebelwürfel und Spargelscheiben darin bei mittlerer Hitze andünsten. Sobald die Zwiebelwürfel glasig sind, den Zucker einstreuen. Zwiebel und Spargel unter Rühren karamellisieren. Mit Essig ablöschen und etwas einkochen lassen. Tomatenwürfel, Thymianzweige und Pfefferkörner zugeben, kurz erhitzen und mit Salz abschmecken. Die Entenbrust quer zur Faser in Scheiben schneiden und mit dem Spargel servieren.

»**Entenbrust** muss **außen kross**
und **innen rosa** sein.
Ein **fabelhaftes Essen** für Gäste.«

»**Weniger ist mehr**! Das gilt auch für die **ausgewogene Mischung** aromatischer Zutaten, die die **Kräuterbutter so köstlich machen**.«

- 1 kleine Knoblauchzehe
- Salz
- 1 Schalotte
- einige Zweige gemischte Kräuter (z. B. Petersilie, Schnittlauch, Dill, Estragon, Schnittlauch, Basilikum)
- 200 g weiche Butter
- 1 Spritzer Worcestershire-sauce
- 1–2 TL Zitronensaft
- ½ TL edelsüßes Paprika-pulver
- ½ TL Currypulver
- 1 Msp. Cayennepfeffer
- 1 Prise getrockneter Thymian
- 1 Prise getrockneter Oregano
- 600 g grüner Spargel
- 8 Kalbsrückensteaks (à 90–100 g)
- 3 EL Pflanzenöl

Kalbsrückensteak mit Spargel

40 Minuten * 4 Portionen

1 Den Knoblauch schälen, fein würfeln, mit ½ TL Salz bestreuen und mit dem Messerrücken zu feinem Brei zerdrücken. Die Schalotte schälen, fein würfeln. Die Kräuter abbrausen, trocken tupfen und die Blättchen von den Stielen zupfen, fein hacken. Knoblauch, Schalottenwürfel und gehackte Kräuter unter die Butter rühren und mit Worcestershiresauce, Zitronensaft und Salz abschmecken. Dann die übrigen Gewürze und getrockneten Kräuter unterrühren.

2 Den Spargel waschen und die holzigen Enden abschneiden. Die Stangen in leicht gesalzenem Wasser ca. 8–10 Minuten bissfest garen.

3 Inzwischen die Steaks von beiden Seiten salzen und pfeffern. Das Öl in einer Pfanne erhitzen und die Steaks darin bei mittlerer Hitze auf beiden Seiten je 3–4 Minuten braten.

4 Den Spargel herausnehmen, gut abtropfen lassen und auf 4 Tellern anrichten, die Steaks daraufsetzen und mit der Kräuterbutter servieren.

Tipp

Nehmen Sie diese Kräuterbutter nur als ein Beispiel, kreieren Sie Ihr eigenes Kräuterbutter-Rezept. Schmecken Sie zuerst die Butter mit Salz und etwas Zitronensaft ab, dann können Sie Ihrer Phantasie freien Lauf lassen. Feingehackte Kapern, Sardellenfilets, Senf, Meerrettich, grüne Pfefferkörner ... Erlaubt ist was Ihnen schmeckt!

- 2 Zwiebeln
- 250 ml Milch
- 1 Brötchen vom Vortag
- 300 g Kalbshackfleisch
- 200 g Schweinehackfleisch
- 2 EL mittelscharfer Senf
- 1 Ei
- 2 TL Semmelbrösel
- Salz und Pfeffer aus der Mühle
- 90 g Butter
- 70 g Mehl
- 500 g weißen Spargel
- Zucker
- ½ TL Pimentkörner
- 2 Lorbeerblätter
- 3 Spritzer Essigessenz
- 1 Bio-Zitrone
- 4 EL Crème fraîche
- 2 Eigelbe
- 1 Bund Petersilie, gehackt
- 60 g Kapern, abgetropft (aus dem Glas)
- frisch geriebene Muskatnuss

Spargel nach Königsberger Art

1 Stunde * 6 Portionen

1 1 Zwiebel fein würfeln. Die Milch erwärmen. Das Brötchen in 1 cm dicke Scheiben schneiden. Die heiße Milch über die Brötchenscheiben gießen, 10 Minuten quellen lassen. Dann ausdrücken und mit Zwiebel, Hackfleisch, Senf, Ei und Bröseln vermengen. Mit Salz und Pfeffer würzen und 5 cm große Klößchen formen.

2 Die Butter schmelzen. Das Mehl darüberstäuben und unter Rühren goldgelb anschwitzen, erkalten lassen.

3 Den Spargel in 5 cm lange Stücke schneiden. 1½ l leicht gesalzenes Wasser zum Kochen bringen und den Spargel darin mit 1 Prise Zucker ca. 10 Minuten garen, abtropfen lassen und mit einem feuchten Küchentuch bedeckt beiseite stellen.

4 Die übrige Zwiebel vierteln, mit Piment, Lorbeer und Essig zum Spargelsud geben. Den Sud aufkochen, die Hackfleischklößchen hineingeben, nochmals aufkochen, die Hitze reduzieren und die Klößchen 10–15 Minuten ziehen, dann abtropfen lassen.

5 Den Spargelsud durch ein Sieb abseihen und mit einem Schneebesen langsam unter die erkaltete Mehlschwitze rühren. Die Sauce aufkochen. Einen dünnen Streifen Zitronenschale zur Sauce geben. Vom Herd nehmen.

6 Crème fraîche mit den Eigelben verrühren und in die heiße, nicht kochende Sauce einrühren. Petersilie und Kapern hinzufügen. Mit Salz, Pfeffer, frisch gepresstem Zitronensaft und Muskat würzen. Klößchen und Spargel in der Sauce erwärmen.

* 1 kleine Möhre
* 1 kleine Zucchini
* 150 g Thai-Spargel (aus dem Asialaden)
* 1 Bio-Limette
* 2 EL Öl
* 4 EL Weißwein
* 50 g kalte Butter
* Salz, Zucker
* 3 Zweige frischer Estragon
* 4 ausgelöste Jakobsmuscheln (Schalen mitgeben lassen)

Gegrillte Jakobsmuscheln

35 Minuten * 4 Portionen als Vorspeise

1 Die Möhre putzen, schälen und in feine Stifte schneiden. Die Zucchini waschen, putzen und ebenfalls in feine Stifte schneiden. Den Thai-Spargel waschen und quer halbieren. Die Limette heiß abwaschen und trocken reiben. Den Saft auspressen, die Schale fein abreiben.

2 1 EL Öl in einem Topf erhitzen. Möhren- und Zucchinistifte sowie Spargel darin bei milder Hitze ca. 3 Minuten andünsten. Mit Weißwein ablöschen und noch ca. 2 Minuten bissfest garen. Dann die Butter in Flöckchen unter das Gemüse rühren. Das Gemüse mit Salz, Zucker und etwas Limettensaft und –schale würzen. Den Estragon abspülen, trocken tupfen, Blättchen abzupfen und zum Gemüse geben.

3 Die Jakobsmuscheln abspülen, trocken tupfen und mit übrigem Öl beträufeln. Eine Grillpfanne erhitzen und die Muscheln auf jeder Seite ca. 3–4 Minuten braten. Die Jakobsmuscheln mit dem Gemüse in den Muschelschalen servieren. Dazu passt knuspriges Baguette.

Tipp

Thai-Spargel ist ein Mini-Grünspargel. Er ist grün und hat sehr dünne Stangen, die nicht geschält werden müssen. Thai-Spargel schmeckt frisch und zart und ist in wenigen Minuten gegart.

»Ein **edles Gericht** für Festtage.«

* 750 g weißer Spargel
* Salz
* 24 rohe Riesengarnelenschwänze
* 6 Knoblauchzehen
* ½ Bund Petersilie
* 6 scharfe Chilischoten (z. B. Piri-Piri)
* 10 EL Olivenöl
* 1 Zitrone

Scharfe Garnelen-Spargelpfanne

30 Minuten * 4 Portionen

1 Den Spargel schälen, holzige Enden abschneiden. Die Stangen in leicht gesalzenem Wasser ca. 10–15 Minuten bissfest garen. Herausheben, abtropfen lassen und halbieren.

2 Die Garnelenschwänze aus den Schalen lösen. Am Rücken längs einschneiden und den dunklen Darm entfernen. Die Knoblauchzehen schälen und längs halbieren. Die Petersilie abbrausen, trocken tupfen und grob hacken. Die Chilischoten waschen und trocken reiben.

3 Eine große Pfanne mit Deckel stark erhitzen. 5 EL Olivenöl, Chilischoten, Knoblauch und Garnelenschwänze zugeben. Sofort den Deckel auflegen, die Hitze reduzieren und die Garnelen zugedeckt maximal 3 Minuten garen. Dabei die Pfanne gelegentlich durchrütteln, ohne den Deckel zu öffnen.

4 Die Pfanne vom Herd nehmen. Spargel, Petersilie und übriges Olivenöl zugeben, kurz durchrühren und salzen. Die Spargelpfanne mit Zitronenspalten und Baguette servieren.

* 2 Tüten Safranfäden (à 0,1 g Inhalt)
* 3 Schalotten
* 400 g Lachsfilet
* 400 g Thai-Spargel (aus dem Asialaden)
* 400 g schwarze lange Nudeln (z. B. Spaghetti oder Bandnudeln)
* Salz
* 4 EL kalte Butter
* 6 EL Noilly Prat
* 150 ml Weißwein
* 400 ml Fischfond
* Cayennepfeffer
* 2 EL Zitronensaft

Nudeln mit Lachs in Safransauce

30 Minuten * 4 Portionen

1 Die Safranfäden in 2 EL warmem Wasser einweichen. Die Schalotten schälen, fein würfeln. Den Lachs abspülen, trocken tupfen und in mundgerechte Würfel schneiden. Den Spargel waschen, abtropfen lassen und quer halbieren.

2 Die Nudeln in reichlich kochendem Salzwasser nach Packungsanleitung bissfest garen. Dann in einem Sieb gut abtropfen lassen.

3 Inzwischen für die Sauce 1 EL Butter in einer Pfanne schmelzen. Die Schalotten zugeben und glasig andünsten. Mit Noilly Prat und Weißwein ablöschen, etwas einkochen lassen und mit Fischfond auffüllen. Spargel in den Fond geben und darin ca. 8–10 Minuten bissfest garen. Herausheben und abtropfen lassen. Die Lachswürfel in den Fond geben und ca. 5 Minuten bei milder Hitze darin gar ziehen, aber nicht kochen. Herausheben und beiseite stellen.

4 Den Safran zum Fond geben und etwas einkochen lassen. Dann mit Salz, Cayennepfeffer und Zitronensaft würzen. Mit einem Schneebesen die übrige Butter in Flöckchen unterschlagen. Spargel und Lachswürfel zur Sauce geben und darin kurz erwärmen, aber nicht kochen. Die abgetropften Nudeln zur Safransauce geben, vorsichtig mischen und sofort servieren.

- 250 g Brötchen vom Vortag
- 250 ml Milch
- 1 Zwiebel
- 2 Möhren
- 500 g grüner Spargel
- 1 Bund Petersilie
- 5 Eier
- 3 EL Olivenöl
- 2–3 EL Semmelbrösel
- Salz, Pfeffer aus der Mühle
- frisch geriebene Muskatnuss
- 5 Zweige frischer Salbei
- 80 g Butter
- frisch geriebener Parmesan zum Servieren

Spargelknödel mit Salbeibutter

45 Minuten * 4 Portionen

1 Die Brötchen in dünne Scheiben schneiden. Die Milch kurz aufkochen und heiß über die Brötchenscheiben gießen, abgedeckt quellen lassen.

2 Die Zwiebel schälen und fein würfeln. Die Möhren putzen, schälen und klein würfeln. Den Spargel waschen und die holzigen Enden abschneiden. Die Stangen je nach Dicke längs halbieren oder vierteln, dann ebenfalls klein würfeln. Die Petersilie abspülen, trocken schütteln und fein hacken. Die Eier verquirlen.

3 Das Öl in einer großen Pfanne erhitzen, die Zwiebelwürfel darin glasig andünsten. Möhren- und Spargelwürfel zugeben und bei mittlerer Hitze ca. 5 Minuten dünsten. Semmelbrösel, Gemüsewürfel, Petersilie und Eier unter die eingeweichten Brötchen mischen. Mit Salz, Pfeffer und Muskatnuss würzen.

4 Mit feuchten Händen aus der Masse ca. 12 kleine Knödel formen und in reichlich kochendes Salzwasser legen. Die Hitze reduzieren und die Knödel ca. 15–20 Minuten gar ziehen lassen.

5 Den Salbei waschen und trocken schütteln, die Blättchen abzupfen. Die Butter in einer großen Pfanne aufschäumen und die Salbeiblätter darin kurz anbraten. Die Knödel herausheben, gut abtropfen lassen und auf 4 Tellern anrichten. Salbeibutter über die Knödel verteilen und mit reichlich Parmesan bestreut servieren.

- 400 g Kartoffeln
- 500 g grüner Spargel
- 2 Eier
- Salz, Pfeffer
- frisch geriebene Muskatnuss
- 80 g Butterschmalz
- 500 g Frischkäse
- 100 ml Milch
- 1 Bund Schnittlauch

Spargelpuffer mit Schnittlauchfrischkäse

1 Stunde * 4 Portionen

1 Die Kartoffeln schälen und grob raspeln. In ein Sieb geben und gut ausdrücken, die Flüssigkeit dabei auffangen. Das Kartoffelwasser vorsichtig abgießen und die abgesetzte Stärke wieder zu den Kartoffeln geben.

2 Den Spargel waschen, holzige Enden abschneiden. Spargelstangen ebenfalls grob raspeln. Spargel und Eier zu den Kartoffeln geben, alles gut mischen. Mit Salz, Pfeffer und Muskatnuss würzen.

3 Das Butterschmalz in einer großen beschichteten Pfanne erhitzen. Die Kartoffel-Spargel-Masse löffelweise hineingeben, glatt streichen und auf beiden Seiten bei mittlerer Hitze je 5 Minuten braun und knusprig braten.

4 Den Frischkäse mit der Milch glatt verrühren, salzen und pfeffern. Den Schnittlauch abbrausen, trocken schütteln und in feine Röllchen schneiden. Unter den Frischkäse mischen und zu den Puffern servieren.

Tipp

Der Stärkegehalt kann bei Kartoffeln sehr unterschiedlich sein, probieren Sie immer einen Probepuffer. Sollte dieser leicht auseinanderfallen, rühren Sie noch etwas Speisestärke unter die Masse.

Rotes Spargelcurry

🕑 25 Minuten ✱ 4 Portionen

1 Den Spargel waschen und die holzigen Enden abschneiden. Die Stangen in leicht gesalzenem Wasser ca. 10 Minuten bissfest garen und abtropfen lassen.

2 Für die Sauce Zwiebel und Ingwer schälen, fein würfeln. Den Knoblauch schälen und in dünne Scheiben schneiden.

3 Das Öl in einem Topf erhitzen, Zwiebel zugeben und glasig andünsten. Dann Ingwer und Knoblauch zugeben. Brühe, Sojasauce und Kokosmilch zugießen und mit der Currypaste würzen. Die Sauce etwas einköcheln lassen und mit Salz abschmecken.

»Essen Sie zum **Curry** ganz klassisch **Basmatireis.**«

- 750 g grüner Spargel
- 1 Zwiebel
- 1 Stück frischer Ingwer (ca. 1 cm)
- 1 Knoblauchzehe
- 2 EL Öl
- 200 ml Gemüsebrühe
- 3 EL Sojasauce
- 400 ml Kokosmilch (aus der Dose)
- 2 TL Currypaste
- Salz
- einige Blättchen frischer Thai-Basilikum zum Garnieren

* 600 g weißer Spargel
* 500 g gekochte Pellkartoffeln
* 1 Zwiebel
* ½ Bund Petersilie
* 5 Zweige frischer Majoran
* 3 EL Pflanzenöl
* 2 EL Butter
* Salz und Pfeffer aus der Mühle
* 250 g Roquefort

Kartoffel-Spargelpfanne

40 Minuten * 4 Portionen * Foto auf Seite 4

1 Den Spargel schälen, holzige Enden abschneiden und in kochendem Salzwasser 6–8 Minuten bissfest garen. Dann herausnehmen, gut abtropfen lassen und schräg in etwa 3 cm dicke Stücke schneiden.

2 Die Kartoffeln pellen und in 1 cm dicke Scheiben schneiden. Die Zwiebel schälen und in dünne Ringe schneiden. Petersilie und Majoran abbrausen und trocken schütteln. Blättchen abzupfen und grob hacken.

3 In einer großen beschichteten Pfanne Öl und Butter erhitzen. Spargel, Kartoffeln und Zwiebelringe darin unter gelegentlichem Wenden knusprig bräunen, mit Salz und Pfeffer würzen. Petersilie und Majoran daruntermischen. Den Käse grob zerkleinern und vor dem Servieren darüberstreuen.

Variante Das Gericht schmeckt auch gut mit Kräuterquark oder Kräuterfrischkäse.

Spargel

* 1 kg weißer Spargel
* ½ TL Zucker
* 1 Spritzer Zitronensaft

Sauce

* 250 g Butter
* 1 Schalotte
* 2 EL Weißweinessig
* 6 EL trockener Weißwein
* 5 schwarze Pfefferkörner, grob zerstoßen
* 3 Stängel frische Petersilie
* 1 Lorbeerblatt
* 4 Eigelbe
* Cayennepfeffer
* Worcestershiresauce

Spargel mit Sauce hollandaise

45 Minuten * 4 Portionen * Foto auf dem Buchumschlag vorne

1 Den Spargel schälen und die holzigen Enden abschneiden. In leicht gesalzenem Wasser mit Zucker und Zitronensaft ca. 20 Minuten bissfest garen. Herausnehmen, abtropfen lassen.

2 Für die Hollandaise die Butter klären. Dafür die Butter bei schwacher Hitze in einem kleinen Topf aufkochen. Den aufsteigenden weißen Schaum mit einer Schaumkelle abnehmen. So oft wiederholen bis die Butter klar ist. Dann die geklärte Butter in einen anderen Topf umgießen, warm und flüssig halten.

3 Die Schalotte schälen, fein würfeln. Den Essig mit Schalottenwürfeln, Weißwein, Pfeffer, Petersilie und Lorbeerblatt in einen kleinen Topf geben, aufkochen und auf ein Drittel einkochen lassen. Dann durch ein Sieb in eine kleine Metallschüssel gießen. Etwas abkühlen lassen.

4 Die Eigelbe zufügen und die Schüssel über ein heißes Wasserbad (ca. 60–70 °C) stellen. Mit einem Schneebesen dickschaumig aufschlagen. Dann die Schüssel vom Wasserbad nehmen und die flüssige Butter zuerst tropfenweise dann im dünnen Strahl darunterschlagen. Die Sauce mit Salz, Zitronensaft, Cayennepfeffer und einem Spritzer Worcestershiresauce abschmecken. Den Spargel mit der Sauce auf vorgewärmten Tellern anrichten.

»Dieser **Klassiker** gehört einfach zur **Spargelsaison**!«

Rezeptregister

Suppen

Salate

Aus dem Ofen

Für Party und Buffet

Mit Fleisch & Geflügel

Mit Fisch und Meeresfrüchten

Vegetarisch und als Beilage

Alphabetisches Rezeptregister

ISBN: 978-3-572-08093-9

Umschlaggestaltung: Atelier Versen, Bad Aibling
Herstellung: Elke Cramer
Bildredaktion: Martina Fuchs
Projektleitung: Anja Halveland

Satz: Nadine Thiel | kreativsatz, Baldham
Reproduktion: Regg Media GmbH, München
Druck und Verarbeitung: Anpak printing Ltd, Hongkong

Printed in China

FSC www.fsc.org
MIX
Papier aus verantwortungsvollen Quellen
FSC® C017997

Verlagsgruppe Random House FSC-DEU-0100
Das für diesen Titel verwendete Papier ist FSC® zertifiziert.

643 1080 4001 12X817 2635 4453 6271